성연 시인선 25

초저녁 첫 별이 뜰 때

문진섭 유고 시집

도서출판 **성연**

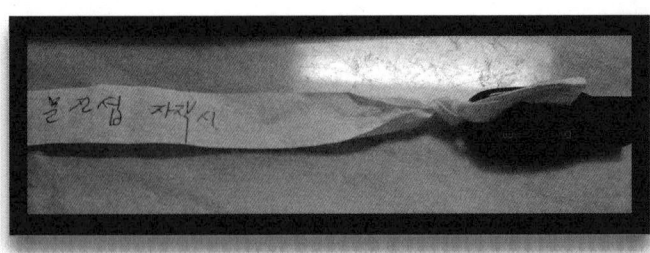

| 발문 |

(故)문진섭 시인의 유고 시집 『저녁 첫 별이 뜰 때』에 부쳐

　누구에게도 매일 매일 따뜻했던 그가, 늘 푸르렀던 그가, 길가 목 긴 코스모스가 하염없이 흔들리는 것조차 슬프다고, 말했던 그가, 다시는 돌아오지 못할 먼 길 떠난 지 1주기가 되었습니다. 하지만 우리들은 그가 여전히 우리 주변에서 함께하고 있다고 생각하고 있습니다.

　그와 함께했던 수많았던 지난 시간이 모두 빛나던 인생이었습니다. 그에게서 가장 마지막까지 남았던 것은 파리한 그의 손에서 내게 전해진 USB였습니다. 그의 울음이었으며, 그의 사랑인 시(詩)였습니다. 1년 가까이 나는 USB를 열어보지 못했습니다. 군더더기 없는 그의 인생을 대할 용기가 부족했기 때문이었습니다.

　지역 문화예술의 영역에서 훌륭한 시 낭송가로, 시인으로 활동하며 어떤 어려운 일도 마다하지 않던 (故)문진섭 시인의 헌신은 돋보였습니다. 그랬으므로 유고 시집 상재에 그를 추억하는 문화예술인들의 마음이 모여 큰 힘이 되었습니다. 『시와 늪』 배성근 대표, 『문화 분권』 김용락 발행인, 주강홍 진주예총회장, 최정임 수필가와 경남의 불교문학인, 시 해설을 쓴 예시원 시인, 박재삼문학선양회와 그림내시낭송회 등 문화예술인들의 거룩한 동참에 합장합니다.

　우리 모두는 그를 무척 사랑하였고,

　몹시 그리운 마음들을 담아 유고 시집을 상재 합니다. 그의 사랑하는 아내와 아들과 딸, 손녀의 그리움이 오롯이 담겨 있는 고 문진섭 시인의 일대기입니다. 그의 시집 한 권이 이 세상의 따뜻한 위로가 되기를 기도하는 4월, 그만큼 장미꽃이 한창입니다.

2025년 4월, 김경 쓰다

▼고 문진섭 시인의 생전 활동사진 1

▼고 문진섭 시인의 생전 활동사진 2

목차

서문 • 3
활동사진 • 4

1부. 목련이야기

동백 • 10
할머니의 장맛 • 12
슬퍼서 눈물이 난다 • 13
공원에 버려진 자전거 • 14
그곳은 어떠한가요? • 15
어머니의 장맛 • 16
머리 염색을 하다 • 18
지킨다는 것의 의미 • 19
찔레꽃 • 20
어젯밤 빗소리 • 21
목련 이야기 • 22
목튜울립 • 23
소중한 인연 • 24
코끼리 바위 • 26
미완성의 사랑, • 28
능소화에게
어머니에게 쓴 • 30
마지막 편지
오늘 나는 • 32
시인이 되었다
초저녁 첫 별이 뜰 때 • 33

2부. 흙길이 전하는 바람

비가 꽃으로 내리는 오후 • 36
봄날 • 38
빨래꽃 • 40
벚꽃 너를 • 41
흙길이 전하는 바람 • 42
가을 햇살 여러 마디가 • 44
흩어지고 있었다
바다를 닮고 싶다 • 46
아내의 도시락 • 48
술래는 날 찾으러 • 50
어디로 갔을까?
불두화가 피었구나 • 52
봄나들이 • 53
2月의 노래 • 54
슬퍼서 눈물이 난다 • 55
겨울빛 물드는 시간 • 56
생존의 力 • 58
그가 떠났다 • 59
노산공원 비둘기 • 60
첫사랑 • 62
노산공원 애기동백 • 63

3부. 꽃무지개 핀 날

그럴만하지 • 66
어화, 둥실 봄이구나 • 68
녹색 잉꼬를 키우다 • 70
7월의 아침 이야기 • 72
작설차를 마시며 • 73
꽃무지개 핀 날 • 74
홀로 나그네 • 75
아버지는 소장수였다 • 76
삼천포 아지매 • 78
벚꽃 이야기 1 • 79
벚꽃 이야기 2 • 80
어머니의 명절 • 82
이른 아침의 햇살 • 83
이팝나무꽃을 보면 • 84
발등에 물이 들도록 • 86
나는 아버지가 그립다 • 88
병원 가는 날 • 90
고백 • 92

4부. 매미와 아내

적목련 • 96
사천역 • 97
풋가을 • 98
가을비 내려 • 99
그립다, 능소화 • 100
염색 • 101
남해 지족 만에서 • 102
나도 청춘 • 103
흔적 • 104
매미와 아내 • 105

5부. 시 해설

정교한 슬픔, 상처와의 대화 • 108

| 1부 |

목련이야기

01 | 동백
02 | 할머니의 장맛
03 | 슬퍼서 눈물이 난다
04 | 공원에 버려진 자전거
05 | 그곳은 어떠한가요?
06 | 어머니의 장맛
07 | 머리 염색을 하다
08 | 지킨다는 것의 의미
09 | 찔레꽃
10 | 어젯밤 빗소리
11 | 목련이야기
12 | 목튜울립
13 | 소중한 인연
14 | 코끼리 바위
15 | 미완성의 사랑, 능소화에게
16 | 어머니에게 쓴 마지막 편지
17 | 오늘 나는 시인이 되었다
18 | 초저녁 첫 별이 뜰 때

동백

봄날

수술실에 누워 마취주사를 맞기 전
딱, 그때 떠오르던 노산공원 동백꽃들

온몸에 비늘을 달고
마취 바늘을 달고 있는 내 몸속을 헤엄치고 다닌다

동백꽃 파편들이 은물결처럼 부서지며
수술실 천정에 날아다닌다

아내 외는 아무도 사랑하지 않았고
남의 호주머니를 넘보지 않았고
내 것이 아닌 것을 탐하지 않았고
나는 그렇게 고분고분 살았다

점점 억울한 생각이 드는 봄날
수술실에 누워서야 봄을 본다

박재삼문학관 앞 흰동백들이
내 몸을
밝히고 있었다

할머니의 장맛

할머니의 장맛에는 비법이 따로 없었다
손 없는 날
첫 별
떠오를 때
정갈한 마음을 담아
고수레를 담은
정성스런 발걸음이었다
장독 뚜껑에 내린 안개를 거두어 낼 때
할머니는 꺾인 허리춤에 흰 헝겊 차고
삼신할매 모시는 듯 정성을 다하면
그때야 장독은 숨을 쉬며

온갖 정성을 담았다

슬퍼서 눈물이 난다

동백꽃 한 잎 한 잎
구름 사이로 뻗어 내리는 햇볕 쬐며
붉게 반짝인다

시인처럼
시인의 곁 벤치에 앉아

홑 동백 한 잎씩 꽃잎 지는 소리 들으면
바닥에 떨어진 동백 곁
동박새 다가와

나와 함께 계절을 깊게 마신다

공원에 버려진 자전거

공원에 버려진 자전거에서 맥박이 뛰고 있다
멈춘 바퀴살 속으로 얼굴 없는 얼굴이 지나간다
모든 기억이 거기 있다
얼굴은 지금까지 지나온 길들을 한 움큼씩 거머쥐고 보험
회사로 향할 것이다
아직 생명이 남아 있으므로
낯선 과거의 사람이 찾아와서 술을 마신다
휘청거린다
누군가 이곳 공원까지 토끼처럼 깡충깡충 뛰어서 왔을 것
이다 함께 뛰어온 즐거움이 살았던 얼굴
자전거는 완강한 아래턱이 빠져 있다
욕망의 대용물처럼
정교한 슬픔이 공원 속으로 들어와
폐허가 되어 버렸다

그곳은 어떠한가요?

달에서
목화가 싹을 틔웠다는 뉴스를 듣는 남해안
후득후득 폭언 같은 눈이 내리고
오늘 아침 나는 착한 우편배달부처럼 편백숲으로 향합니다
어딘가에서 날아온 홍매 한 촉의 낯선 꿈도 피어
나는 아무래도 좋습니다, 흐린 날 핀 꽃의
무심한 사랑이라고
그곳은 어떠한지요?
마디 없는 겨울나무들에게 제일 먼저 인사를 하고
바다는 원 없이 시절을 운구하고, 이렇듯
인생은 잠시 어딘가를 스쳐 가는 것입니까?
숱한 기억의 뭉치들은
가을을 몰아오는 철새들의 것일까?
발 동동 구르며 구시렁구시렁 거렸다.

어머니의 장맛

어머니 장맛에는
할머니의 장맛처럼 비법이 따로 없었다
손 없는 날
첫 별이 뜰 때
정갈한 마음을 담아 고수레를 올리는
할머니를 따라
할머니의 장담그기 그대로였다

꺾인 허리춤에 흰 헝겊을 두르고
장독 뚜껑에 내린 안개를 거두면
비로소 숨을 쉬던 장독

반쯤 무너진 돌담 사이 능소화거나
숱한 기다림을 달던 석류거나
그런 것들이 손 없는 날과
초저녁 첫 별과 어우러져
맛을 피우던 어머니의 장맛

어제는 종일토록 붉은 그리움이 일더니

후두둑, 옛집에 비가 내렸다
밤새 할머니가 다녀가셨다

머리 염색을 하다

이곳저곳 몸을 망치고
마음조차 버리고 살아 온 몇년

아내의 등 뒤
누렇게 부황 든
또 다른 나를 본다

내 마음에 드리워진 어둔 줄기마다
자생한 머리카락이
뿔뿔이 달아난다

기왕지사 다시 나를 위해
타올라야 한다면
머리카락의 사연은 아내의 것이어야 한다

아내의 구름 같은 손길이 부지런히 다녀가고
그림자 환자인 내가
지금 병중이라도
빛나는 사랑에 빠지고 싶다

지킨다는 것의 의미

검은 하늘에 나뭇잎 춤판이 벌어졌다

옆에서 바라보는 느티나무는 十字처럼 꺾이고
은행나무 열매는 몹쓸 그리움처럼 쏟아지는
태풍 타파가 날뛰는 날

노산공원 박재삼문학관 앞
박재삼 시인 좌상 앞에
어디서 날아 왔을까
세콤 안심솔루션 보안 간판이 버티고 있다

평생 가난하고 외롭게 살다 간 시인은 태풍 앞에서도
세상의 이치가 절로 지켜주는 걸까

순간, 바람이 이리저리 기울기를 멈추고
갸륵한 말들을 쏟아낸다
둥근 원을 그리며
말(言)의 한 끝을 잡아당겨
점점 작아지는 비문을 새긴다
한없이 부드러운 붓 하나 지나가고 있다.

찔레꽃

찔레는 슬픔을 닮은 가시를 달고 있다
만성통증 같은 가시의

기어코 부서질 벽 이었다.

어젯밤 빗소리

어젯밤 창문에 닿던 빗소리
어머니의 자장가였을까
실눈 뜬 아침
어머니가 다녀가신 듯

공연히 공연히
앞마당이 떠들썩하네

목련이야기

소리 죽인 봄

저녁 공양을 마친 배부른 비구니 같은 목련들이
비를 긋고 서 있다

누가 훔쳐보지 않았을까?
내 울음,
누가 듣지나 않을까?

나는 홀로 검은 눈물 흘리고
검은 햇살 받아 마시고 있다

단 숨의 순백이
듬성듬성 썩어 문드러져 내리는
저 봄날의 장송곡

돌쟁이의 심장처럼
소리 내지 않는 통곡이 더 아픈
그 모습을
나는 안다.

목튜울립

여린 새순 마술에 걸려
꽃이 되지 못했을까?

새싹이 돋아
꽃이 귀에 매달렸다

잎사귀 품에 안겨
햇살 받아 마시는 것조차 부끄러워
땅 내음 땅 기운
꽃잎마다 함박웃음이다

옹기종기 구경꾼도 부르지 못하는
목 튜울립꽃

참 곱다, 참 이쁘다.

소중한 인연

동네 어귀 돌담 아래
이름 모를 풀꽃 한 무더기 보았습니다
꽃잎 하나
뚝, 따서 입술에 놓아봅니다

다른 꽃잎 하나
골목 귀퉁이 세찬 바람 흙먼지에 취해서
붉은 눈물 흘리고
또 하나의 꽃잎은
탱자나무 가시에 찔려
마른 눈물 슬프게 흘리고 있습니다

한 몸으로 태어났으나
제각기 다른 운명을 맞이하는
아픔을 지닌
이름 모를 저 풀꽃들처럼
나의 생도 어떤 인연으로 가득한 겁니까?

아직 제 입술에 놓인 꽃잎 한 장,

그 마을에는 모든 전생이 다 보이고
아직 꽃불을 당기고 있는
죽음의 빈집이 있습니다.

코끼리 바위

남일대 백사장 돌아 서쪽 끝머리
바위섬 깨우는 코끼리 한 마리
쏴악 쏴악 처얼썩
파도 소리로 살아 있다

수천 수백 년 울어 온
그 슬픔
그 누가 모르리

바다에 산다고
너를 밀림 속 왕자라 부르지 않으리

노하지 마라
슬피 울지 마라

푸른 바다

푸른 하늘 벗이 되어
은모래 백사장에서
흐르는 세월을 가슴에 품고 있구나

미완성의 사랑, 능소화에게

붉게 울지 마라

너는
내게 7월의 슬픔이다

파랗게
벼랑을 타고 오른 그리움
별에까지 닿아
별빛을 안은 채
눈물로 꽃 피운
겉으로 쏟아 낸 연정이다

그 아픔
꽃으로 피어
그리워 그리워
임은
가슴에서도 멀어져 갔다

붉게 울지 마라

사랑은
내게 아직 눈물이다.

어머니에게 쓴 마지막 편지

어머니, 소생 먼저 갑니다
가슴에 지우지 못할 대못들을 박고
이승, 하직 인사입니다
땅을 친들 하늘에 외친들 어쩌겠습니까
이게 제 운명인 것을
먹구름을 내몰고 얼굴 환하던 햇살이
저 아니었습니까
저며 오는 이 피눈물 훈훈했던 어머니 손길
만감이 교차 되는 시간입니다
어머니, 그리움은 꽃이 된다고 했습니다
눈에 넣어도 아프지 않을 어린 두 아이를 남겨두고
가슴 속이 숯덩이뿐인 아내를 두고
총총 걸음 하는 이 길은 무엇입니까
목이 메고 가슴이 찢어지는 오늘은
또 무슨 의미입니까
병상에서 시름에 겨울 어머닐 두고
발걸음이 천근인들 도리 없나 봅니다
이제 원망도 후회도 없이 다 날려 보냅니다

어머니, 부디 제 몫까지 천수를 누리십시오
먼 어느 날 비단 깔고 꽃잎 뿌리며
꽃가마 짊어지러 오겠습니다
사랑하는 나의 어머니
오늘은 하염없이 어머니 곁이 따뜻합니다
마냥 이렇게 잠들고 싶습니다.

오늘 나는 시인이 되었다

병중의 저주파 치료 느낌처럼
온몸을 엎드려야만 만나는 그에게서
수평선이 마지막 일몰로 불타는 바다에 경계가 생긴다

저 두근거리는 광포만의 일몰에 엎드려
오늘 나는 시인이 되었다

쟁여두었던 기억의 껍질이 돋아난다고
지나온 흔적들이 졸음처럼 밀려온다

온몸을 엎드린 극빈의 당신,

당신은 이 바다에서 태연하게 늙어 갈 것이다
아무렴 나는
미련 없이 죽을 것이다

초저녁 첫 별이 뜰 때

별은
뜨는 것이 아니라
밤이면
피어나는 꽃이다

가만히 들여다보면

아름다운 그대를
만나게 되는
아름다운 인연이다

바다보다 깊은
천리 밖

저녁 첫 별이 뜰 때

세상 칸 칸마다
맑디맑은 종소리가 울리고
나는 그대를 찾아올 것이다

| 2부 |

흙길이 전하는 바람

01 | 비가 꽃으로 내리는 오후
02 | 봄날
03 | 빨래꽃
04 | 벚꽃 너를
05 | 흙길이 전하는 바람
06 | 가을 햇살 여러 마디가 흩어지고 있었다
07 | 바다를 닮고 싶다
08 | 아내의 도시락
09 | 술래는 날 찾으러 어디로 갔을까?
10 | 불두화가 피었구나
11 | 봄나들이
12 | 2月의 노래
13 | 슬퍼서 눈물이 난다
14 | 겨울빛 물드는 시간
15 | 생존의 力
16 | 그가 떠났다
17 | 노산공원 비둘기
18 | 첫사랑
19 | 노산공원 애기동백

비가 꽃으로 내리는 오후

툭,
투둑,
후두 둑,
맑은 하늘에 날벼락이 돋는 오후
동쪽 하늘엔 뙤약볕 살아 아직 한창인데
느닷없는 빗줄기
흙바닥으로 곤두박질 한다

둥근 먼지들 놀라 허겁지겁 하늘로 오른다
흙바닥에 남겨진 흔적

봄날 꽃비 환생인가?

하늘 향해 쏘아 올린
아들놈 해변의 폭죽놀이가 되돌아왔는가

오후에 오는 비는 꽃이 된다

실눈 뜨고 하늘 보다가
애써 피운 서너 송이 꽃들
제대로 눈 마주치지 못하고 달아나는 것을 보았다

방울 선 긋고 달아나는
비 꽃을
햇살 섞인 구름 뭉치가
잽싸게 끌어안는 것도 보았다

봄날

사랑도
아닌 것이 사랑의 탈을 썼다

겨우내 아니라며 아니라며
흙으로 덮어 온
너의 몸뚱이

차디찬 땅끝 밀치고
허리 굽혀 나란히 줄 섰던 바람들은 어디로 갔을까?

창문을 닫을까?
창문을 열까?
햇살은 반기고
바람은 감추어야 하는데

나 살아 남거던
너 스스로

밟아라.

찢어라.

시린 가슴에 깃발을 꽂고
파랗게 파랗게 곡하게 하리라

빨래꽃

밤새 이슬 곱게 내렸다

아침햇살 머금은 그 빛이
눈이 시리도록 아프다

수 해를 소리 없이 함께 한 흔적

골골이 줄 타
볼품없는데
뭘 더 피우겠다고 꽃으로 피었을까?

가슴이 뭉클 내려앉는다

벚꽃 너를

꽃이라 부르지 않는다

분노
설움
아픔
눈물
억압
그 속에 창칼을 품었다.

천둥 비바람 소리
지천을 흔드는 왜성
다섯 총성
한바탕 빗속 하늘 가른다.

고의적삼에 덕지덕지
탄흔 살아 심장을 도려내고
뼈 깎는 삭풍과 살을 에는 피눈물
이 고통 더 할까.
꽃도 아닌 것이 꽃의 탈을 썼구나!
아니라며 적신 내 몸이여

흙길이 전하는 바람

먼지를 적시며 걷는다

회색 걸음 길
바람 없는 길이 있을까?

보부상(봇짐장수)만큼이나 세상을 짊어지다 보니
아픔은 핏줄을 타고
슬픔은 눈물로 흐르고
뜻대로 되는 일이 많지 않다

그래 나만 흙길이 아니야!

헐거워진 내 주변에 많은 것들
나도 없고 이웃도 없다
느슨해진 사람들의 혓바닥이 탔다

나뭇잎이 먼지 속에 구르고

발길 닿은 지 오래된 흙길 풀들
전봇대와 천상에 닿길 겨루고 있다

인심은 멀어지고
있는 인심마저 썩어 간다

밤이 되면 적신 먼지가
방바닥에 눕는다

그리고
모든 것들이 낡아간다

가을 햇살
여러 마디가 흩어지고 있었다

발소리까지 가지런해지는
선학산 말티 고개 아래 선덕사

가을 햇살
대숲 석굴 속에 물어다 놓고
쭈~쭈억 쭈쭈~억
불경을 읊는 노랑턱멧새 가족

가을날도
불경도
새들의 날개 죽지에 돌탑을 쌓는 절집에서

다시 천 년을 기다리며
그가 탑돌이를 한다.

여기까지만 함께 할 인연이라는 듯

갈 길을 잃은 별자리와
버려진 석등이 지키는 산속
가을 햇살 여러 마디가 흩어지고 있었다

바다를 닮고 싶다

문득,
바다가 보고 싶어졌다

바다를 보면 뭘 보지?

밀물과 썰물의 색깔이 다르다.
바닷새 한 마리 바람을 자르고
물 타는 고깃배 소리가 구름에 닿는다

해안선을 따라 푸르게 눈빛이 걷는다
남해 창선도 고사리밭
푸르름과 갈색의 수채화
어디서 본 듯
학창 시절 도화지에 그려진 것일까

어둠을 담는 삼천포항 등대
미동도 없이 웅크린 채
수백 년의 아픔을 견디고 바다를 품는다

비가 온다.
바다에 생기는 빗방울의 진동이
저주파 치료기 느낌처럼 서로 엉켜진다

아내의 도시락

닭울음. 아직 이르다

절간 탁경의 울림도 닿기 전
여명이 지평선 아래 잠든 시간

달그락거리는 쇳소리
수돗물 짜는 소리
물 끓는 빨간 냄비뚜껑 소리
꿈인 듯 깨면
만다라 아래 기도 소리 문틈으로 스며든다

아내다

투병 3년
싱크대에 흘린 눈물이 얼마였을까?
허리춤을 두른 통증 벨트
무릎을 감싼 압박붕대
어깨에 덕지덕지 붙은 한방 파스

손마디는 팔순 지난 장모님 손을 닮았다
아내의 검게 탄 속은 어찌 내어 볼까?

아내가 준 회색 가방
정성과 마음이 담겨 있다
그리고 간절한 기도와 함께
내 생명의 동아줄

흐르는 눈물도 이제는 미안하다.

술래는 날 찾으러 어디로 갔을까?

한두 살쯤 나이 차가 나는 동네 아이들
학교를 마치면 너도나도
책가방은 마루에 내팽개치고
골목길 접어드는 타작마당 전봇대 반질반질 빛을 낸다

서너 명씩 짝을 지어 편을 가르면
동네 어귀에 쌓인 짚 무더기 뒤
어느 부잣집 우물가
대문 없는 허름한 초가의 헛간
우리 집 장독대
술래에 잡히지 않으려고
동네 어디든 숨어
밥때를 놓치고 해를 넘기기가 일쑤였다

어느 겨울날
짚 무더기 속 굴을 파고 숨었다가
따스함에 잠이 들었다
얼마나 지났는지

가로등 불빛이 나를 깨웠다
술래는 날 찾으러 어디로 갔을까?

불두화가 피었구나

무주는 때아닌 상고대의
순백색 영롱한 겨울 풍경이 열리고 있다

아직 5월 꽃바람 오지 않았건만
때아닌 불두화도 피었다
피는 이유가 무엇인지, 그 이유를 묻고 싶다

부처님 머리를 닮았다고 해서 불두화 佛頭花

산속 모롱이에는 아직 덜 피어 연둣빛 어린데
절집 뜰 안의 불두화는 활짝 피었다

불두화가 피면
제행무상

보리가 익어 가고
뻐꾸기도 울고

봄나들이

누군가 그러더군요

꽃놀이도
가슴 떨릴 때 다녀야지
다리 떨리면 못 다닌다네요

오늘은 나도
가슴이 떨려

공연히도 가슴이 떨려

아내랑 둘이서
팔짱끼고 나들이 왔어요

2月의 노래

스치는 조개구름도 벌거숭이 되어
흑백사진처럼 젖어드는 2월

2월의
껍데기를 만지작거려 보라

세상에서 가장 향긋한 맛
아직 덜 자란 바람길이 있다

아,
2월의 껍데기 속
단 한 점의 속살은

이제는
오롯이 맛을 낼 수 있다

긴, 긴 기다림 후에

슬퍼서 눈물이 난다

동백꽃 한 잎 한 잎
구름 사이로 뻗어 내리는 햇볕 쬐며
붉게 반짝인다

시인처럼
시인의 곁 벤치에 앉아

홑 동백 한 잎씩 꽃잎 지는 소리 들으면
바닥에 떨어진 동백 곁
동박새 다가와

어느 계절을 깊게 마신다

겨울빛 물드는 시간

아침 해 뜰 때쯤이면
해찬솔 숲들을 채우는 새들의 지저귐이
하늘을 가득 채운다

밤을 설쳤는지
탐스러운 햇살에 발을 담그는 모습
수채화 같다

아직도 남은 붉은 까치밥 한 알

쪼고 또 쪼고
검게 닳고 닳아 문드러져 얼었다

모퉁이 비춰주는 햇살처럼
빈 마음으로

너와 나
나와 너

모두가 사랑하는 사람과
어깨 내어 줘 기대고
애틋하게 살았으면

지금은
온 세상 은비늘로 물드는 시간이다

생존의 力

8월 뙤약볕
푸른 풍운 타고 유랑하던 풀씨 하나
왜? 하필이면
종일 햇볕 돌계단 틈새에 싹을 틔워
한 송이 꽃으로 피었을까?

한 줌의 흙, 한 모금 물도 없이
오직 생존본능으로 자손초를 위한 고난과 아픔
산모의 첫아이 진통과 다를 수 있을까

잔디밭과 푸르디 푸른 땅 지천인데
따가운 햇살에 줄기는 말라서 야위고
잎은 흙빛으로 시들어 가고

왜 뿌리 내린 자리가 거기였을까?
어떻게 꽃을 피웠을까?
참 모진 생

그가 떠났다

하루 내내
한 묶음의 슬픔과 안타까움
눈물로도 대신 할 수 없다

무엇도 할 수 없음을 채찍질하지만
아픔도 쓰라림도 없다

와룡산 능선이 붉게 운다.
어제와는 다르게 단풍든 와룡산이 참 밉다
꼭 내 마음이 타는 것 같아

내일쯤이면 단풍도 지고
겨울이 지나고
봄이 오면
연녹색 와룡산이 날 쳐다보겠지

그날이 오면
그도 웃고 나도 웃는다

노산공원 비둘기

소싯적 노산공원에 오르면
파마머리 젊은 아지매가 지키는
한 평 남짓한 점방 하나 있었다

점방 옆에는
손 노리개 새처럼 수십 마리 비둘기가
어린 나를 반가이 맞이했다

꼭 쥔 10원짜리 지폐 한 장
과자를 살 수 있었지만

"비둘기 먹이 팝니다"

삐뚤삐뚤 적힌 문구에
먼저 시선이 낚인다

호주머니 속 고민이 깊어진다
얼마나 만지작 거렸을까

한 움큼 비둘기 먹이를 받기도 전에
비둘기들이 내 주변을 에워쌌다
요놈들은 오랜 경험과 직감으로
자신들의 먹이를 산 것을 알았겠지

새파랗게 젊었던 점방 아지매
수십 년 파도 소리와 갈매기 울음을 뒤로 한 채

지금도 노산공원 아래
백발의 할머니 되어 천막 술장사를 하시지만
비둘기 먹이는 팔지 않는다.

첫사랑

남강변 대나무밭 호젓한 산책로 걸어 보았는가?

댓잎 덮인 땅끝 벗겨 마디마디에 흙냄새 묻어
청청한 산들바람 따라 사각거리는 댓바람 소리

그곳에 가면
내 슬픈 첫사랑을 닮은 18세 그녀를 만난다.

노산공원 애기동백

그녀가 붉게 탄다.

짙은 화장기도 없고
화려한 옷차림도 아니고
고급스러운 향수 향도 없다

와룡산 가는 구름 타고
삼천포항구 뱃노래 흥겨워 바닷바람 떨친다

바람의 말에 귀 기울이며
물처럼 그냥 흐르며
그녀의 마음은 붉게 설렌다

한 잎 한 잎 벤치에 앉아
붉은 눈물이 흐른다

그녀…

| 3부 |

꽃무지개 핀 날

01 | 그럴만하지
02 | 어화, 둥실 봄이구나
03 | 녹색 잉꼬를 키우다
04 | 7월의 아침 이야기
05 | 작설차를 마시며
06 | 꽃무지개 핀 날
07 | 홀로 나그네
08 | 아버지는 소장수였다
09 | 삼천포 아지매

10 | 벚꽃 이야기 1
11 | 벚꽃 이야기 2
12 | 어머니의 명절
13 | 이른 아침햇살
14 | 이팝나무꽃을 보면
15 | 발등에 물이 들도록
16 | 나는 아버지가 그립다
17 | 병원 가는 날
18 | 고백

그럴만하지

구름 속
햇살은 늦잠 자는가 보다

출근길
차 안 햇빛 가림막을
습관처럼 내리려 하니

어라~~
이것이 늦잠을 자나?

머리를 쓰~억 앞으로 내밀어 본다
눈이 부시지 않았다

혹여나
어젯밤에 무슨 일이 있었나?
아님, 과음했나?
그도 저도 아니면
하루쯤 쉬고 싶은 건가?

혼잣말로
출근길
웃어 본적이 언제였는가?

오늘 하루도 내겐 선물이다

어화, 둥실 봄이구나
-딸 혜빈이가 봄(태명)이를 낳았다

봄! 봄! 봄, 학수고대한 봄

2월 2일 11시 17분
생애 한 번도 보지 못했던 봄
선물로 다가왔다

이렇게 고운 날
온 세상이 기지개를 켜며
햇살이 맑게 퍼지더니

연녹색 바람이 살랑살랑 불고
청아한 아기 새 노래가 귓전에 닿고
수줍은 듯 꽃망울이 터지며
봄이 조용히 그려졌다

상큼하고 향긋한 봄의 탄생
사랑스러운 희망이다 미래다

봄이 웃고 있다
따스하다, 감격스럽다
가슴이 벅차다

기쁨이 잘 자라는
봄이었으면 좋겠다.

봄! 봄! 봄!

녹색 잉꼬를 키우다

둘과 하나가 없는 듯이 늘 한 몸

부리 맞대고 눈빛 반짝임에
나와 너 한 몸이구나

내가 한 번 지저귀면
네가 한 번 지저귀고

또 네가 먼저 엉덩잇짓하면
내가 한 번 화답하네

모이 주는 주인장 발소리 들려도
사랑은 멈출 줄 모르고

네가 좋아 내가 좋아
훔쳐보는 입맞춤도 자랑인 듯 계속이다

어젯밤 무슨 짓 했기에

대낮에 한 몸 되어 졸고 있는지
해가 중천에 걸려도
깊은 밤인 양 고개를 연신 떨구고 있네

서로의 가슴에 안긴 하나인 듯 둘은
사랑의 탑을 쌓고 있다

7월의 아침 이야기

7월 아침을 맞았다

꽃 내음에 창문 열고
고욤나무 검푸른 잎이 시선을 잡는다

처마 밑에 걸린 빗물 떨어지는 소리에
능소화 빗물 마실 양

고사리손 내민다

작설차를 마시며

24절기 중 여섯 번째
곡우 전후에 새잎을 따니
그 맛이 깊다 하더이다

참새 혀와 같다 하여 작설이라
그 잎이 얇고 가냘프니
우려낸 맛이 특향이로다

코끝에 닿은 향은 하늘이요
눈에 비친 옥빛은 땅이라
그 맛은 천하에 제일이로다

아~그리운 벗아
삼간초가 처마 밑에 앉아
차 한 잔 따라 마시며
지난 세월 얘기 보따리 풀어서
웃음보따리 풀어보세

꽃무지개 핀 날

일곱 빛깔 꽃무지개 피었다

세상 소식 듣고 싶은
울 엄니처럼
피었다

홀로 나그네

몸이 망가지고 예순을 앞두고 보니

할 수 있는 일들은 작아져만 가고
얼굴에 주름은 깊고
온 몸은 아픔을 더 한다
방사선 치료 56번,
바람에 날릴 머리카락도 없는
어쩔 수 없는 홀로 나그네

동네 아이 킥보드 타고 휑하니 곁을 지날 때
소싯적 담장 아래 실개천 따라 얼음 지치며
나무판 썰매 타던 소년이 스치듯 지나간다

아,
햇살이 장난치듯 홀로 나그네를 달래준다

아버지는 소장수였다

아버지 전대에서 100원짜리 지폐를 훔쳤다

소꼴 베어 망태 짊어지고
고구마 줄기 한 짐 둘러메고
달팽이 걸음으로 옮기던 중학생 시절

작두로 볏짚을 자르고
보릿겨 곱게 두르고
가마솥 뚜껑 사이로 푸른 눈물이 흐르면
구수함에 소 울음이 아침을 열었다

사천 오일장 우시장이 서는 날
젖은 눈망울로 자꾸만 뒤돌아보며
정든 우사를 떠나던 누렁이

내일은 수업료 내는 마지막 날
학교 가는 걸음이 가볍겠지만
마음은 누렁이 생각으로 무거웠다

선학산 선덕사 17층 돌탑 아래
40여 년 지나 빚진 마음을 놓고
아버지 가신 걸음 길을 따라
탑돌이를 한다.

삼천포 아지매
-김경 시인님께

수오재 수많은 꽃들 중
유독 눈에 띄는 탐스러운 한 송이 다알리아 입니다

천년을 숨 쉬며 벼랑 끝 바위에 굳건히 뿌리를 박아
의연히 서있는 외로운 한 그루 소나무입니다

돌담을 감아 올라 한 많은 가슴앓이로
붉게 피는 7월의 능소화입니다.

삼천포 푸른 밤바다길
오롯이 홀로 불 밝힌 붙박이 등대입니다.

고향 삼천포를 사랑하는 아지매,
천상 삼천포 사람

나의 문학의 스승입니다.

벚꽃 이야기 1

3월의 이른 봄

아직 날이 찬데 성급하게 벚꽃이 피었다

홀로 자태를 뽐내는 벚꽃
연분홍빛 벚꽃엔 벌써 꿀벌이 날아들고

먼저 일어나는 새가 먹이를 먹는다고 했든가

한 마리 꿀벌도 자기의 부지런함에
새로운 맛의 화분과 꿀을 맛본다

내일쯤이면 더 많은 벚꽃이 피어
혼자만의 진수성찬이 아닌
무슨 잔치인 듯 벌떼처럼 덤벼들겠지

벚꽃 이야기 2

어제 홀로 피었던 벚꽃은 사라졌다

한 마리의 꿀벌에 모진 고초를 당했는지
산들거리는 바람에 휩싸여
자기 몸을 바람에 내던졌을까?

외로움에 지쳐 임 찾아 나섰는지
그놈의 꿀벌과 사랑에 빠져
둘만의 애정 행각을 위해 길 떠났는지
흔적도 없이 사라진 벚꽃

하지만 그 주변의 벚꽃은 아주 조금씩
수줍게 모습을 드러낸다
하나둘 터지는 꽃망울 소리

내일쯤이면 팝 오케스트라가 연주하듯
아름답고도 맑은 소리 내며 꽃망울 터지고
지천을 연분홍으로 물 드리며

만인의 가슴에 행복을 안겨 주겠지

짧은 생의 벚꽃
마지막 한 잎까지 눈처럼 휘날리곤
아름답게 떠날 것이다.

어머니의 명절

명절 냄새가 짙게 묻어날 때쯤이면

어머니의 허리춤 동여맨 아버지의 낡은 넥타이
한 쪽 끝이 흘러내린다
시골 아낙의 발걸음이 초를 다투며 탄다

대목 장날 쌀이며 계란, 푸성귀를 팔아
7남매 양말이 한 광주리 수북하다
그 속에는
어머니의 땀방울과 눈물이 섞여 있다

이것이 어머니의 명절이었다
27년이 흘렀다

이른 아침햇살

창가에 스며드는 이른 아침햇살
나의 목숨같이 파리하게
극세사 이불속으로 파고든다

달그락거리는 그릇 소리
실내화 쓸리는 소리
뒤따르는 약봉지 바스락거리는 소리
놀라듯 일어났다

통증을 속이며 천연덕스럽게
아내에게 미소를 보내며 기지개를 켜고
햇발 한 움큼 마신다

약봉지 놓인
아침 밥상을 맞이하는 4년
이젠 마를 만도 한데…

가슴에 흐르는 눈물은 맵다

이팝나무꽃을 보면

얇은 파도가 자갈밭 아장아장 걷고
고깃배의 엇박자 출렁임
바다향을 파낸다

남해 물건마을 지나 바닷가에 닿으면
방풍림 이팝나무
소박한 풍년 잔치가 펼쳐진다

꽁보리밥 먹던 시절
가족의 밥상에는 이팝나무 꽃송이처럼
흰 고봉밥이 띄움 핀다.

아버지와 할머니는 흰 쌀밥
어머니와 7남매 가족은
두 분의 밥그릇을 채운 후 밥솥을 휘저어
보리밥과 쌀밥이 반반 비율로 밥상에 오른다

행여 아버지 할머니
쌀밥을 남겨 한두 숟갈 얻어먹었던
두레 밥상의 흰 쌀밥

풍성한 이팝나무꽃을 보면
할머니가 그리워진다.

발등에 물이 들도록

이른 아침
공익근로자가 말끔히 쓸어 버린 낙엽
하루 이틀도 아니고 매일 매일
노산공원 산책로
사선의 빗질 흔적이 그려져 있다

아직 많은 나뭇잎은
간당간당하면서도 질긴 생명의 끈은 놓지 않는다

한동안 공익근로자는
곱절의 노동에
굽은 허리의 통증을 쌓아가겠지
구석진 곳에 쌓아둔 낙엽처럼

내일의 낙엽은
바람이 부는 대로
밟히면 밟히는 대로
그대로 두었으면

참 좋겠다

나도 오래토록 거닐고 싶다
발등에 물이 들도록

나는 아버지가 그립다

국도 3호선
남양사거리에서 죽림삼거리까지
왕복 4차선 도로가 뚫렸다
이 도로는 진삼선 철로
무궁화호 기차가 다녔다

소싯적 여름방학이면
할머니 부모님과 7남매 대가족
사천역에서 삼천포역까지 기차를 타고
남일대해수욕장에서 즐겼던 시절이 있다

나무가 춤을 추면 바람이 불고
나무가 잠잠하면 바람도 자고
파도가 흔들리면 갈매기가 울고
파도가 잔잔하면 갈매기는 평화롭다.
늘 뛰는 배를 타고 남일대해수욕장 가는
삼천포 앞바다의 풍경이다

아침에 출근하면서
그 시절 그때가 가슴을 움켜쥔다

벌써 50년의 세월을 삼켰다
그때 아버지 나이
지금 내 나이만큼이나 되었을까?

오늘 아버지는 이 자리에 없다
나도 언젠가는 없을 것이다

병원 가는 날

쉬이 잠들지 못했다

또 하나의 도전
조건 없이 받아들여야만 한다

생각만으로도 힘들지만
이겨내고 버티어야 한다

몰래 훔친 눈물도 마르고
그 가벼운 발걸음도 오늘은 천근만근이다

아내의 눈빛에 근심이 가득
싱크대에서 수돗물 따라 흘러간 눈물이 얼마인데
하룻밤 못 이룬 설잠이 무슨 대수라고
길을 떠나며
홀연히 가려 한다

아내에게 쪽지 한 장 남긴다
잘 *댕겨오겠 노라고
쪽지에 얼룩이 흐른다

*댕겨오겠 노라고: 다녀오겠노라고(경상 지역의 사투리입니다.)

고백

와룡산 초입, 모퉁이를 꺾어 돌아
발소리까지 가지런해지는 곳

마음의 발걸음이 나를 여기로 데려와 비로소
이제부터 내가 뜨거워지는 곳이다
살아 있음이 고마운 곳이다

이곳에서는
아무도 나의 인생을 묻지 않았다

가을 햇살 평등하게
품속에 묻어 놓고
여기까지만 함께 할 인연이라는 듯,

갈 길이 먼 별자리와
다시 천 년을 기다리며
나는 탑돌이를 하고 있었다

병의 치료에 지친 육신 하나
가을밤의 몇 마디 파문이 되고 있다

| 4부 |

매미와 아내

01 | 적목련
02 | 사천역
03 | 풋가을
04 | 가을비 내려
05 | 그립다, 능소화

06 | 염색
07 | 남해 지족 만에서
08 | 나도 청춘
09 | 흔적
10 | 매미와 아내

적목련

늦여름 목련나무
두 송이 적목련 피었다

노끈으로 꿰면 상처 자국
무통 링거도 없이 아프지는 않았는지

눈빛에 그늘이 쌓인다.

사천역

사라진 것들은 그늘이 있다

끊어진 진삼선 철조망에 갇힌 채
소리 없는 기적이 울린다

무궁화호 완행열차 그늘
길게 드리워 철로에 눕는다.

풋가을

상처 입은 나뭇잎들을
박재삼 시인 좌상 곁을 지키고 있다

상사화 진 마른 꽃대 속에
당신이
깊숙하게 들어앉아 있다

가을비 내려

우산보다 가슴을 먼저 적시며
유리창엔 방울토마토
열었다
떨어졌다

옷자락보다 눈빛을 먼저 적시며

그립다, 능소화

달반늘의 달빛 가루 묻은
붉은 그리움, 능소화
후드득
밤새 비가 내렸다

흙담 붉게 수 놓았다

곡예사 줄을 훔쳤을까

염색

살갗과 살아온 10년
장롱 속 어둠 속에서 누렇게 입은 세월
꽃을 보는 듯 하늘빛 곱게 내려
또 다른 나
빛나는 사랑에 빠지겠다.

남해 지족 만에서

정자나무 아랫도리 휘감고
아스팔트 항구에 죄인인양 포박한 채
노도 없고 어망도 없는 고깃배

지족마을 어귀에 홀로 누워
노젓는 어부는 불러도 대답 없고

나도 청춘

청춘이 따로 있나
백발의 머릿결 휘날리며
유등축제장 풍류객 속으로 미끄러지듯
물비늘 반짝이는 남강. 뒤벼리 병풍바위 벗삼아
흥에 취해 달리고 달리고 달린다.

흔적

삼천포에서 舊국도3호선 가다 보면
벽동마을 어귀
양철지붕 옛 쌀방앗간 벽면에
낡은 문구가 흐릿하게 보인다

그랬지, 70년대 동네 담벼락마다
맞아, 중학교 표어 숙제였지

유신과업이 뭔지?
멸공통일이 뭔지? 그 땐 몰랐다.

매미와 아내

푸른 아침 매미 소리
여느 날과는 다르게 짜증스러워
쫓아 버렸더니 기겁하면 사라졌다

출근길 아내의 잔소리
애꿎은 매미만 혼쭐나고

내일은 매미와 얘기 나누고 싶다.
아내가 미안하다 했듯이
매미에게도 미안했다고..

| 5부 |

『초저녁 첫 별이 뜰 때』
　　　　　문진섭 유고 시집
　　- 시 해설 -

01 | 정교한 슬픔, 상처와의 대화

문진섭 유고 시집
『초저녁 첫 별이 뜰 때』

-정교한 슬픔, 상처와의 대화-

예시원(시인 · 문학박사)

　문진섭의 시를 보며 문득 베르톨트 브레히트의 시「살아남은 자의 슬픔」이 떠올랐다. 이미 우리 곁에 없는 문 시인의 유고 작품들을 접하면서 그가 오랫동안 투병 생활을 내색하지 않고 지역에서 시 낭송과 시극 공연을 활발하게 해왔던 기억들이 새삼스럽게 다시 떠오른다. 그런 것들이 현재를 살아가는 남은 동료 선후배 문인들을 숙연하게 하면서 동시에 살아있는 이들에게 슬픔을 느끼게 한다.

　잔잔한 서정을 노래해 온 문진섭 시인은 생업에 종사하는 생활 문인이면서 지역 문화예술 활동에도 많은 공헌을 해 온 예술인이었다. 그의 작품 세계는 서사극의 효시가 된 독일의 의학도 출신 극작가며 시인 베르톨트 브레히트와 많이 닮은 모습이다. 그만큼 그와 그의 작품에선 시대와의 불화를 극복해 낸 진지한 노력과 진한 인간애를 볼 수 있었다.

그가 느끼는 슬픔이나 부조리는 물론 개인사를 넘어선 시대의 부조리며 아픔이었지만 언제나 잔잔한 생활 주변의 서정으로 다독이며 인내해 온 모습을 많이 볼 수 있었다. 지독한 슬픔의 한가운데 외롭게 투병해 온 그는 그 누구의 입에 발린 위로나 격려보다도 편지처럼 써 온 그의 시가 오히려 위로 되었고 남은 지인들에게 지나간 시간을 이해할 수 있게 해주었다.

독일의 브레히트는 나치의 만행과 2차 세계대전의 참상 속에서도 자신이 살아남은 슬픔을 문학 작품으로 이야기했다. 문진섭 시인도 오랜 투병 생활로 그렇게 강하지 않았지만 비틀거리지 않고 살아왔다. 최대한 인간적인 자존심을 지키려고 몸부림치며 예술인으로서는 불꽃처럼 화려하게 짧은 생을 후회 없이 보냈다고 할 수 있다.

그의 시편들은 결핍의 언어 속에서 삶의 편린을 마주하는 매우 힘들고 불편한 내면을 가지고 있지만 그에 굴하지 않는 힘도 함께 볼 수 있다. 그건 살고자 하는 의지를 쉽게 포기하지 않은 자의 슬픔이면서 주변인들을 불편하지 않게 배려하려는 심상의 한 단면을 보여주었기에 더욱 안타깝고 아쉬운 마음이다.

그의 언어들은 혼자만의 독백이 아닌 바다 위 섬 너머 저편의 언어도 함께 읽어내며 시간 속 이쪽저쪽의 지인과 아내에게 내면을 드러내며 쓴 편지를 써서 보낸 것들이다. 시인의 전유물일 것 같은 슬픔의 미학과 짧은 그의 생애에서 남긴 기억의 편지들을 모아서 함께 호흡하며 추억의 빼다지를 열고 여행을 시작해 보자.

봄날
수술실에 누워 마취 주사를 맞기 전
딱, 그때 떠오르던 노산공원 동백꽃들
온몸에 비늘을 달고
마취 바늘을 달고 있는 내 몸속을 헤엄치고 다닌다
동백꽃 파편들이 은물결처럼 부서지며
수술실 천정에 날아다닌다
아내 외는 아무도 사랑하지 않았고
남의 호주머니를 넘보지 않았고
내 것이 아닌 것을 탐하지 않았고
나는 그렇게 고분고분 살았다
점점 억울한 생각이 드는 봄날
수술실에 누워서야 봄을 본다
박재삼문학관 앞 흰 동백들이
내 몸을

밝히고 있었다

― <동백/ 문진섭> 전문 ―

　누구든지 엄청난 일이 자신에게 닥쳤을 때 느끼는 감정은 대부분 동일하다. 충격과 부정(Shock and Denial)으로 갈등하고 분노하게 된다. 본인 또는 가족 중에서 죽음을 선고받았을 때 얼마나 억울한 심정이었을지 그 당사자가 아니면 감히 상상조차 할 수 없는 일이다.

　시인도 수술실에 누워 한 가닥 희망을 품었고 한편으로 놓아버린 양가감정인 채 기도하는 심정으로 "동백"이라는 시를 남겼다. "점점 억울한 생각이 드는 봄날/수술실에 누워서야 봄을 본다" 슬픔과 비탄으로 수많은 날을 고민하다가 비로소 조용한 가운데 외롭게 봄날을 수용(Acceptance)하고 있다.

　"박재삼문학관 앞 흰동백들이/내 몸을/밝히고 있었다" 봄날 생기가 도는 동백꽃은 붉다 못해 핏빛이고 그 잎은 기름지게 반짝인다. 하지만 이제 모든 걸 놓아버린 시인은 흰 동백으로 자신의 몸을 감싸며 수의를 입고 마지막 화려한 봄날에 훨훨 날아갈 마음의 준비를 하고 있다.

작품 "동백"에선 시인이 죽음을 선고받고 이를 인지하기까지 모든 단계를 압축해서 표현해 놓았다. 죽음의 5단계 모델에선 범죄자 또는 선량한 사람 중 가족이나 본인에게 내려진 죽음에 대해 부정(Denial)-분노(Anger)-협상(Bargaining)-우울(Depression)-수용(Acceptance)의 과정을 거쳐 현실을 받아들이며 마음을 내려놓는 과정을 정리해놓고 있다. 문 시인도 작품을 통해 비슷한 과정을 수용하고 있다.

"왜 하필이면 나지"라는 생각도 들고 "이건 뭔가 잘못됐어"라는 의심이 들 수도 있겠지만, 결국 모든 감정을 놓아버리고 받아들이는 과정에서 문진섭 시인은 노산공원 동백꽃들을 자신에게 투영시켰고 흰 동백꽃으로 만든 수의를 입고 날아갈 화려한 봄날을 선택했다.

독자와 지인들을 더 안타깝고 애절하게 만드는 게 동백꽃으로 만든 수의는 어쩌면 화려하게 활짝 피었다가 송이채로 뭉텅 떨어져 더욱 처연한 흰 목련꽃을 연상케 하기 때문이다. 하지만 시인은 화려한 수의로 표현하며 남은 지인들을 위로 해주고 있다.

"온몸에 비늘을 달고/마취 바늘을 달고 있는 내 몸속을 헤엄치고 다닌다/동백꽃 파편들이 은물결처럼 부서지며"
그는 이제 투병으로 인한 두려움이나 고민 없이 모든 걸 놓아버린 채 물고기처럼 자유로운 영혼이 되어 물속을 유영하고 있다. 자유롭고 싶다는 염원이 마춰 바늘로 이어지며 비늘을 단 물고기가 된 것이다.

푸른 아침 매미 소리
여느 날과는 다르게 짜증스러워
쫓아 버렸더니 기겁하면 사라졌다
출근길 아내의 잔소리
애꿎은 매미만 혼쭐나고
내일은 매미와 얘기 나누고 싶다.
아내가 미안하다 했듯이
매미에게도 미안했다고...

-<매미와 아내/ 문진섭> 전문-

살아가는 게 모두 미안함의 연속이다. 문 시인처럼 매미에게도 미안하고 아내에게도 미안하고 그 아내도 문 시인에게 미안하다. 푸른 아침 나타나 힘차게 울던 매미는 알고 보면 쇠 토막 의지로 칠 년을 기다려 애오라지 단 하루, 애자 지게 피울 음을 울려고 이날을 그토록 기다렸다가 나무 또는 아파트나 주택의 방충망에 덩그러니 매달린 것이다.

 아침부터 귀찮다는 이유로 칠 년 만에 세상에 나온 매미를 시인이 쫓아 버렸으니, 인간들의 세상에서도 쫓아내고 쫓겨나고 하는 과정에서 겪는 심적 트라우마가 되살아나 버럭 짜증이나 화로 표현될 수도 있다. 미안하다고 사과하고 사과를 받고 또 다른 미안함을 느끼게 되는 과정을 반복한다.

 아침 출근하는 아내는 일을 하는 노동자다. 매일 반복하는 일상이지만 출근하는 행위 자체가 스트레스이고 짜증의 원인이 될 수도 있다. 일을 해서 급여를 받고 생활하는 과정에서 본인과 주변인들이 겪는 피고용인의 고통을 많이 접했을 수 있다.

 너무 일찍 세상에 나왔는지 울지도 않은 채 슬프게 남의 집 거실을 바라만 보는 매미도 간혹 있다. 힘스에 울지도 않은 채 자신의 존재감을 잊어버린 것일까. 그래도 문 시인이 쫓아낸 매미는 힘차게 울어대고 그 존재감을 드러냈으니 그렇게 미안할 필요는 없지 않았을까. 감성이 여렸던 문 시인은 늘 아내나 주변의 사물에조차 미안하다.

소리 죽인 봄

저녁 공양을 마친 배부른 비구니 같은 목련들이
비를 긋고 서 있다

누가 훔쳐보지 않았을까?
내 울음,
누가 듣지나 않을까?

나는 홀로 검은 눈물 흘리고
검은 햇살 받아 마시고 있다

단 숨의 순백이
듬성듬성 썩어 문드러져 내리는
저 봄날의 장송곡

돌쟁이의 심장처럼
소리 내지 않는 통곡이 더 아픈
그 모습을
나는 안다.

−<목련 이야기/ 문진섭>전문−

목련을 보는 이들의 감성과 해석은 여러 가지다. 모시옷처럼 부드럽고 포근하게 다가오기도 하지만, 그 하얀 송이가 활짝 피었다가 뭉텅 떨어지는 모습이 처연하게 느껴지기도 한다.

"순백이 썩어 문드러져 내리는 저 봄날의 장송곡", "소리 내지 않는 통곡이 더 아픈" 이 구절은 뼈아픈 속울음이나 피 울음을 떠올리게 한다. 소리 죽인 봄은 그렇게 우리들의 봄으로 다가와 또 한 계절을 뒤로 하고 지나간다.

봄의 무대 주인공처럼 인생의 편린을 끌어안고 검은 커튼을 문전에 드리우며 밤새 내린 소낙비에 분분히 흩어진다. 나비처럼 하얀 목련 꽃잎들의 그 초라함이란 소멸의 시간도 모른 채 자태를 한껏 뽐내더니 희뿌연 새벽공기 맞으며 후드득 떨어진 모습이다.

어쩌다가 상복처럼 보였던 목련꽃은 사물을 보는 시인을 더 우울하게 만들었을까. 검은 눈물, 검은 햇살은 이미 짙어가는 시인의 운명을 감싸는 그리메가 되어 애써 터져 나오지 않게 단단히 결박하며 견뎌오는 인내심이었을 수 있다.

먼지를 적시며 걷는다

회색 걸음 길
바람 없는 길이 있을까?

보부상(봇짐장수)만큼이나 세상을 짊어지다 보니
아픔은 핏줄을 타고
슬픔은 눈물로 흐르고
뜻대로 되는 일이 많지 않다

그래 나만 흙길이 아니야!

헐거워진 내 주변에 많은 것들
나도 없고 이웃도 없다
느슨해진 사람들의 혓바닥이 탔다

나뭇잎이 먼지 속에 구르고
발길 닿은 지 오래된 흙길 풀들
전봇대와 천상에 닿길 겨루고 있다

인심은 멀어지고
있는 인심마저 썩어 간다

밤이 되면 적신 먼지가
방바닥에 눕는다

그리고
모든 것들이 낡아간다

-<흙길이 전하는 바람/ 문진섭>전문-

 황톳길 같은 흙길이 전하는 바람은 먼지와 함께 불어오는 마른 바람이면서 문진섭 시인의 내면에서부터 솟아나는 먼지바람이기도 하다.

 "보부상(봇짐장수)만큼이나/세상을 짊어지다 보니/아픔은 핏줄을 타고/슬픔은 눈물로 흐르고/뜻대로 되는 일이 많지 않다"

 문 시인의 활동 근거지는 경남 지역이었고 시 세계를 형성한 많은 부분도 사천 삼천포 지역이었다. 삼천포는 박재삼(1933~1997) 시인의 고향이면서 심상을 형성한 곳이기도 하다. 두 시인은 작품에서 마치 한 사람인 것처럼 그리움과 눈물의 정서를 많이 보여주고 있다.

박재삼 시인도 가난한 지역과 소외된 어린 시절의 배고픈 기억들이 그의 시 세계를 사로잡아 온통 울음이 터지는 붉은 빛 강과 바다의 풍경들이 묘사되었고, 밤늦게까지 장사를 하고 새벽에야 돌아오는 어머니에 대한 기억이 그를 늘 우울하게 했었다.

지역에서 시 낭송과 시극 공연을 활발하게 해왔던 문진섭 시인을 많은 이들이 오랫동안 기억하는 것은 그의 예술에 대한 열정도 뜨거웠지만, 그가 남긴 시 작품들도 일상의 소재를 단순하지 않게 섬세하고도 격조 높은 음률로 노래했으며, 전통적인 서정시의 감성으로 우리네 추억어린 마음을 깊숙하게 건드리며 공감대를 형성해 주었기 때문이다.

"인심은 멀어지고/있는 인심마저 썩어 간다//밤이 되면 적신 먼지가/방바닥에 눕는다//그리고/모든 것들이 낡아간다"

우울한 절망에 함몰되는 것이 아닌 인심도 먼지도 낡은 것은 모두 사라져 간다는 것이고, 그 마음의 바람을 부는 바람 앞에 노래하고 있으며 시인의 심상 저변에는 창조적

파괴의 에너지가 조용한 가운데 솟아오르고 있다.

일곱 빛깔 꽃무지개 피었다

세상 소식 듣고 싶은
울 엄니처럼
피었다

             - <꽃무지개 핀 날/ 문진섭>전문-

   여기서 꽃무지개는 맑은 그리움의 순수한 표현이면서 붉게 타오르는 피 울음이기도 하다. 일곱 빛깔 무지개는 옛날 여인들이 시집갈 때 꽃단장하고 타고 가던 꽃가마의 상징적 표현이고, 희로애락의 세월이 흐른 뒤 세상을 떠날 때 마지막으로 타고 가던 꽃상여의 의미이기도 하다.

   꽃상여가 지나가면 뜨겁고 매운 눈물을 뿌린다. 태양초 고춧가루보다 맵고 곡소리가 너무 뜨겁고 매워 콧물마저 줄줄 흐른다. 행인도 지나가는 꽃상여 구경하다가 골목길에서 눈물을 보이고 만다. 울 엄니는 시인의 엄니 이면서 변함없는 모두의 어머니이기도 하다. 엄니는 품에 안겨있던 젖먹이 어린아이일 때부터 등에 업혀 다니다가 성인이 되고 중년 노년이 돼도 늘 그리움의 대상이다.

　오랜 시간 생활의 고통이나 투병의 아픔과 슬픔이 마음속에 어둠으로 잠재해 있었을 수 있다. 시인은 그 마음을 내려놓으며 한순간 무지개처럼 밝은 빛으로 물들어 갔을 수 있다. 무지개는 자연과 우주의 조화, 그리고 인간 내면의 다면적인 감정을 반영하는 창문과도 같은데 작품에서는 그 창을 어머니와 소통하는 과정으로 활용하고 있다.

　울 엄니 손맛, 울 엄니 밥상, 배 아플 때, 배고플 때, 열 날때 울 엄니의 손은 늘 약손으로 함께 했던 그리움의 대상이다. 비 온 뒤 맑은 꽃무지개가 울 엄니처럼 환하다. 문 시인도 이제 그 엄니 곁으로 갔고 무지개가 뜨면 엄니와 함께 시인도 환하게 웃으며 우리 곁으로 다가온다.

초저녁 첫 별이 뜰 때

초 판 인 쇄	|	2025년 4월 20일
발 행 일 자	|	2025년 4월 30일
지 은 이	|	문진섭
펴 낸 이	|	김연주
펴 낸 곳	|	도서출판 성연
등 록	|	(등록 제2021-000008호)경남 창원
홈 페 이 지	|	https://cafe.daum.net/seongyeon2021
사 무 실	|	창원시 성산구 대원로 27번길 4(시와늪문학관 내)
디 자 인	|	배선영
대 표 메 일	|	baekim2003@daum.net
전 자 팩 스	|	0504-205-5758
대 표 전 화	|	010-4556-0573
정 가	|	12,000원
ISBN	|	979-11-991649-0-1(03800)

🍃 저자와의 협약으로 인지를 생략합니다.
🍃 이 시집의 전부 또는 일부를 재사용하려면 반드시 지은이와 도서출판 성연에 동의를 얻어야 합니다.
🍃 본 지는 한국간행물 윤리위원회의 윤리강령 실천 요강을 준수합니다.
🍃 파본 된 책은 교환해 드립니다.

이 도서의 출판 예정 도서 목록 (CIP)은 ISBN:979-11-991649-0-1(03800)
국립중앙도서관 서지 정보 유통지원시스템 홈페이지(http://seoji.nl.go.kr/)와
국가자료목록시스템(http://www.nl.go.kr/kolisnet)에서 이용할 수 있습니다.